www.ingramcontent.com/pod-product-compliance
Lightning Source LLC
Chambersburg PA
CBHW072058280526
45788CB00006B/2323
* 9 7 8 1 0 9 5 3 2 8 3 9 2 *